9791189654498
KB259624

旅も終わりがあるからこそ、美しい思い出として残るのかもしれない。
今しか会えないすべての存在に挨拶をしよう。ここに来て良かった、と。
私にも終わりがいつかくる。美しい人生を生きている証拠に、最高のシーンをいっぱい撮っておこう。

여행도 끝이 있기에, 아름다운 추억으로 기억되는 것이 아닐까?
지금, 이 순간에만 만날 수 있는 존재들에게 인사를 건네자. '여기에 와서 다행이야'라는 말과 함께.
나에게도 언젠가 끝이 올 텐데, 아름다운 인생을 살았노라 말할 수 있도록 최고의 장면을 가득 찍어두자.

초당원길
87-1→87-12
Chodangwon-gil

どれだけ素敵な未来であっても自分の道だという確信がないのなら、ほかの道を選ぶしかない。
諦めることは悪いことじゃない。自分が正しい方向に向かっているのかを確かめるために絶対に必要なことだ。

아무리 멋진 미래라 할지라도 내가 가야 할 길이라는 확신이 없다면, 다른 길을 선택할 수밖에.
포기는 나쁜 것이 아니다. 자신이 올바른 길을 가고 있는지를 확인하기 위해 절대적으로 필요한 것이다.

안녕
강릉바다

結婚というのは、絵のように見えて絵ではなく、現実に見えて現実とは違う。幻の契約なのかもしれない。
さっきまで清涼感に溢れていたビールが冷めてしまったのか、もう苦い味がした。

결혼이란 그림처럼 보이지만 그림은 아니며 현실로 보이지만 현실과는 다르다. 환영(幻影)의 계약 같은 것일지도 모른다.
조금 전까지 청량감이 넘쳐흐르던 맥주가 식어버린 탓인지 조금은 쓴맛이 느껴졌다.

중앙성남전통시장
DANONURI TRADITIONAL MARKET
코로나19 예방을 위해 시장 방문 시
반드시 마스크를 착용해 주시기 바랍니다
강릉중앙시장상인회
세븐미용실
T.648-6863
제 대구청과
한과 견과류 건어물
T.033.648.6848 M.010-3431
일방통행
보행자주의 좌회전금지
P
노상주차장
600m
보행자주의 일방통행
금성로22번길
Geumseong-ro 22beon-gil

結局合う人は何もしなくても合うし、どれだけ努力しても去っていく人は去る。
私は私らしくただ進んでいけばいい。
それが自分のことを憎まない道だということに今さら気づいたのだ。

결국, 만날 사람은 뭘 하지 않아도 만나게 될 것이며, 떠날 사람은 아무리 노력해도 떠나버린다.
나는 나답게 그저 나아가면 된다.
그것이 스스로를 미워하지 않는 길임을 이제야 깨달았다.

未来もこの仕事をやり続けている人。それができた人が成功した人となるのだ。
成功しようと焦ったらダメだ。自分に失望して諦めてしまいそうになるから。
私は長く、永く遠い未来まで文章を書き、本で絆を作っていきたい。

미래에도 이 일을 계속하고 있는 사람. 그런 사람이 성공한 사람이다.
성공하고자 조급해해서는 안 된다. 자신에게 금방 실망하고 포기해 버릴 테니.
나는 오래오래, 먼 미래에도 글을 쓰고 책으로 인연을 만들어 나가는 사람이 되고 싶다.

作家だから言いたいことを全部言いながら生きてきたのではない。
口でうまく表現できないから文章で表現をしたのだ。
怖さを知っているから、何度も、何度も考え抜いたことを丁寧に文章に書いたのだ。

작가라고 해서 말하고 싶은 걸 전부 말하면서 살아온 것은 아니다.
말로 잘 표현할 수 없으니, 글로 표현하는 것이다.
말의 무서움을 아니까 여러 번 생각한 것을 마음을 다해 글로 쓰는 것이다.

薄いブラウンカラーの砂の上に横になった。聞こえるのは海の囁きのみ。
柔らかく心地よい風が私の頬をなでてくれる、平安だった。

옅은 브라운 컬러의 모래 위에 누웠다. 들리는 건 바다의 속삭임뿐.
부드럽고 기분 좋은 바람이 내 뺨을 어루만진다. 평안이었다.

一人でいたいといいながら、人が恋しくなる。それなのに人といるとまた独りになりたがる。
人間って不思議だ。

혼자 있고 싶다가도 사람이 그리워진다. 하지만 막상 또 사람이랑 있으면 혼자 있고 싶어진다.
인간이란 이상한 동물이다.

私は何歳だと思って生きてみようか。
きっと10年後の私はこの日を懐かしく思うはずだ。
だったら、思いっきりやりたいことをやる、遊び好きでわがままな31歳にしよう。

나는 몇 살이라고 생각하며 살아가 볼까?
분명 10년 뒤의 나는 오늘을 그리워할 것이다.
그렇다면 마음껏 하고 싶은 건 해야 하고 놀기 좋아하며 나밖에 모르는 서른한 살이 좋겠다.

旅とは、忘れていた大切なものを思い出させ、幸せを作ってくれる魔法なのかもしれない。
私も会いたい人を思い出しながら、幸せを残してみようかな。
次にここに来た人が、私の幸せを見つけてくれますように。

여행이란, 잊고 있었던 소중한 추억을 생각나게 하고 행복을 만들어 주는 마법일지도 모른다.
나도 보고 싶은 사람을 생각하면서 행복 한 조각을 남겨두어야겠다.
다음에 여기에 온 사람이 나의 행복을 발견해 주기를.

CINEMA
THANK YOU FOR IT ALL
BOOKS
라벤더
GS25
OPEN

私もソウルで小さな本屋をやっている。…訪れた人たちはみんな「素敵なところですね」と言ってくれる。
その言葉がなんだか「あなたの内面も素敵ですよ」と言ってくれているような気がする。
本屋とはそういうところだと思う。

나도 서울에서 작은 책방을 하고 있다. … 방문해 주는 사람들은 모두 '멋진 곳이네요'라고 말해준다.
그 말이 왠지 '당신의 내면도 멋지네요'라고 말해주는 것처럼 느껴졌다.
책방은 그런 곳이라 생각한다.

この私的な思い出の欠片を12枚の紙に乗せて、遠くにいるあなたに送ります。
私が感じた大切なことを一緒に分かち合いたいのです。
一緒に悩んだり、相談に乗ったり、楽しんでもらいたい。

나의 사적인 기억의 조각들을 12장의 종이에 태워서 멀리 계시는 당신에게 보내드립니다.
내가 느낀 소중한 감정을 함께 나누고 싶습니다.
같이 고민해 주시고 이야기를 들어주시고 기뻐해 주세요.